Ton nom :

Ton âge :

– Bonjour, je m'appelle Lucie.
Depuis 2001, je peins
avec mes mains.

– À la fin de chacun de mes livres,
il y a une page d'activités.
Cette fois-ci, peins aux doigts
avec Lili !

– Amuse-toi bien !

Matériel et petites astuces avant de commencer !

- un verre d'eau
- une palette
- de la peinture à l'eau
- un pinceau
- une éponge
- un chiffon ou de l'essuie-tout
- des crayons de couleur
- des gommes
- du papier

Les cerises

1 Avec le bout de ton index,
fais deux petites empreintes rouges.

2 Au crayon,
trace les queues.

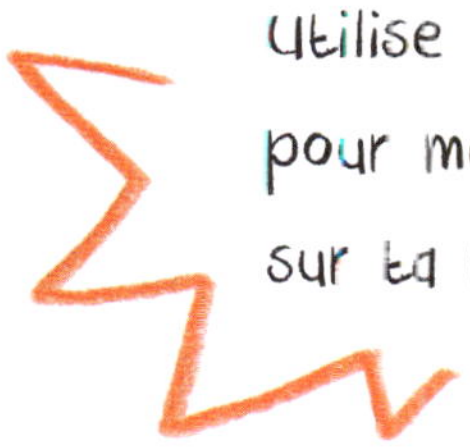

Utilise le pinceau
pour mettre de la peinture
sur ta main.

Les arbres

1 Au crayon, trace un tronc.

2 Utilise ton pouce
pour créer le feuillage...

3 ... ou un crayon.

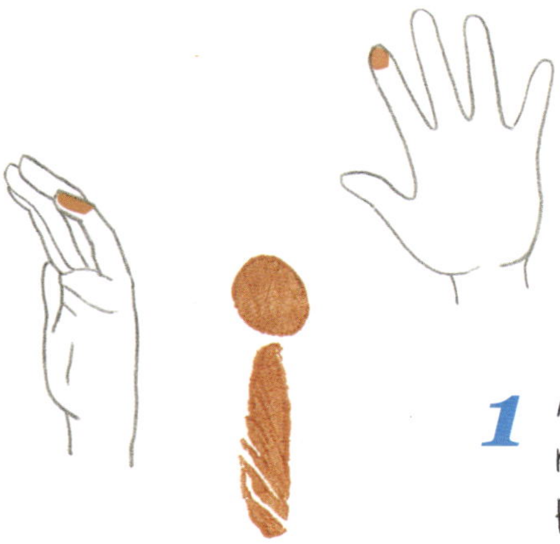

Le papillon

1 Avec le côté de ton petit doigt,
réalise le corps du papillon.
Puis avec le bout de ton index, forme la tête.

2 Pour les ailes, applique ton pouce
deux fois de chaque côté du corps.
Choisis ta couleur préférée.

3 Enfin, dessine au crayon
les antennes et les yeux.

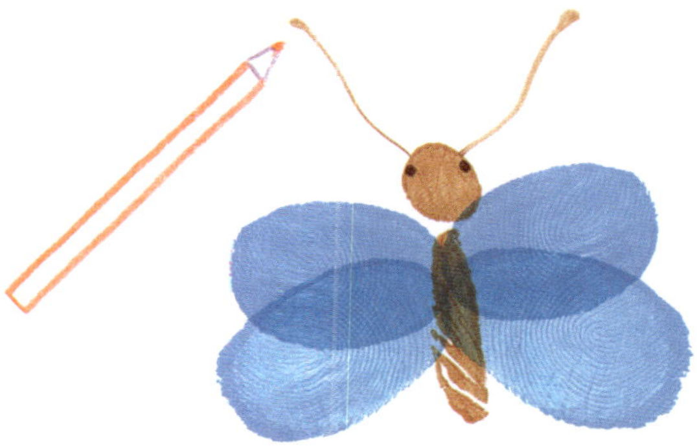

La branche

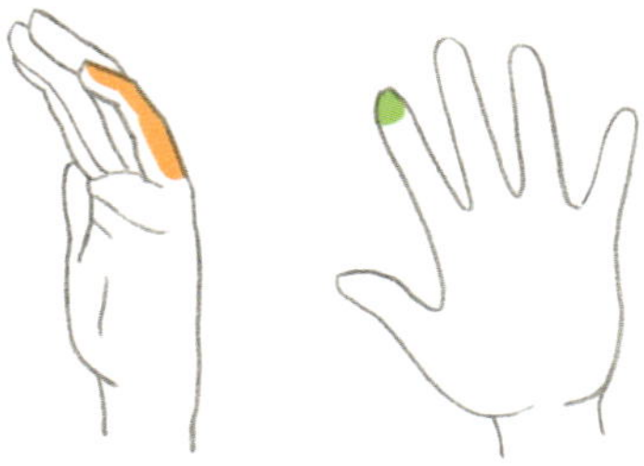

1 Applique de la peinture sur le côté de ton petit doigt et pose-le sur la feuille comme sur le modèle de gauche...

2 ... ou comme à droite, dessine des branches au crayon.

3 Utilise ton index pour créer des feuilles ou des fruits.

L'œuf

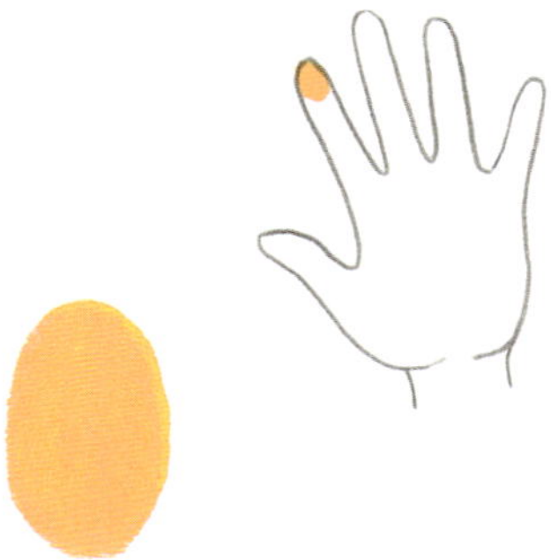

1 Pour créer un œuf, utilise ton index.

2 Pour former un demi-œuf, place un petit papier qui servira de cache sur ton dessin. Place ton doigt à cheval sur ton dessin et le petit papier. Retire le papier. Voilà !

La fleur

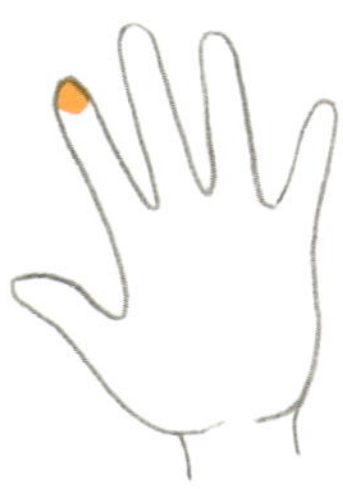

1 Avec le bout de ton index peint en jaune, fais une petite empreinte ronde.

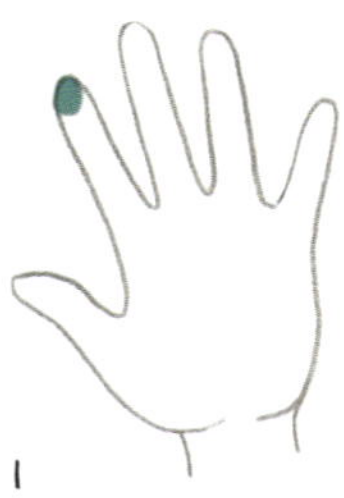

2 Tout autour, place les pétales. Choisis les couleurs que tu veux !

La bougie

1 Dessine une bougie au crayon.

2 Pour l'allumer, ton index enduit de peinture jaune suffit !

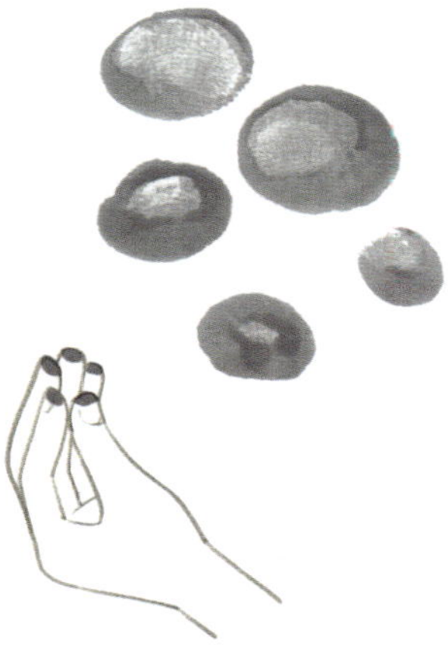

La fumée

Réunis tous tes doigts avant de les peindre en gris, puis tamponne ta feuille pour faire un nuage de fumée.

Les maisons

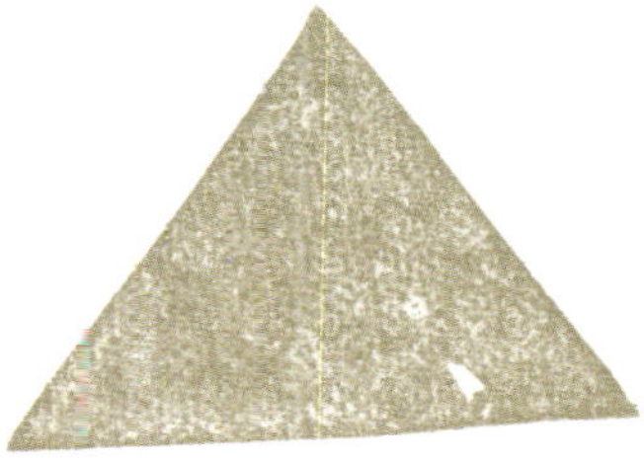

Tu as besoin de deux gommes.
La première en forme de rectangle pour le bâtiment et la seconde en triangle pour le toit.
Demande à un adulte de couper la gomme en triangle.

Retrouve des exemples et des vidéos sur Internet !
www.elanvert.fr/peintureauxdoigts

— Que fais-tu, Lili ?

Tu veux aussi aider Lili à préparer l'anniversaire ?
Commence par ajouter plein de ballons !

— Chuuut ! C'est une surprise !
Je prépare l'anniversaire de Chloé.
Tu m'aides ?

— Suis-moi, Henri, nous allons faire un bouquet.
Derrière la forêt, il pousse des fleurs fantastiques !

Avec ton pouce,
crée de beaux arbres verts !

Trouve et complète les petites bêtes.

Peins les ailes des papillons
avec tes coigts.

Lili a trouvé des fleurs de toutes les couleurs.
À toi de réaliser le plus joli des bouquets !

— Je cueille des cerises pour le gâteau.
Tu vas chercher des œufs ?

Avec le bout de ton petit doigt, remplis les cerisiers de beaux fruits.
Utilise la tranche de ta main pour les branches.

Mets des œufs dans le panier d'Henri,
mais aussi dans le poulailler !

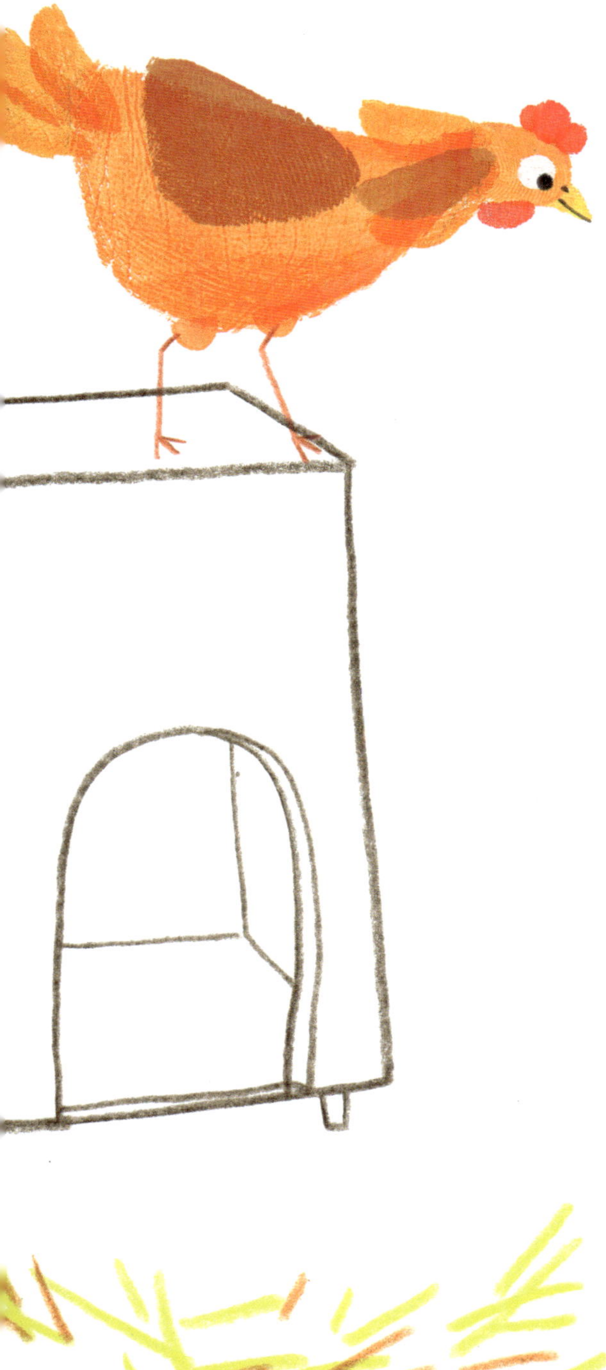

— Merci cocotte !
Je vais faire attention à ne pas les casser !

— Salut tout le monde,
je viens chercher du lait !

Oh ! une vache sans taches
et deux tracteurs sans roues ! À toi de jouer !
N'oublie pas d'agrandir aussi le nuage de fumée.

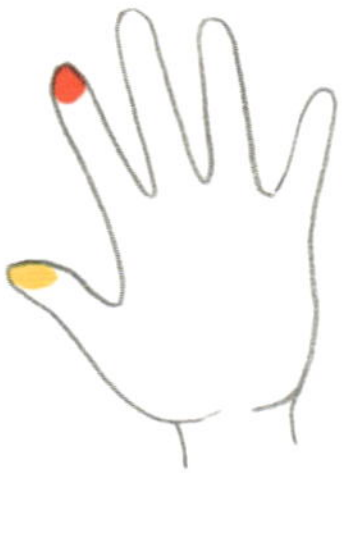

Waouh ! Lili a sorti tous ses bocaux pour décorer le gâteau.
Remplis-les de sucreries.

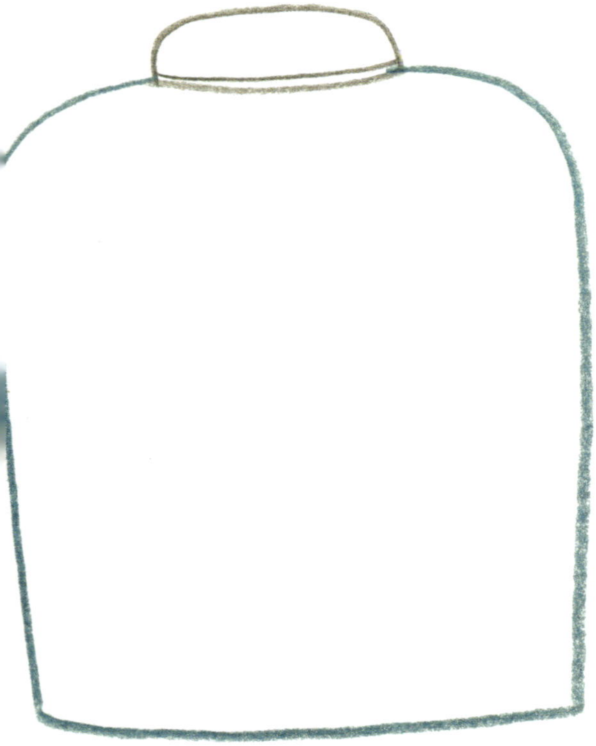

— Je peux tous les goûter ???

En cuisine, Henri et Lili se sont salis.
Amuse-toi à faire des taches !

— Je ne me suis pas trop taché !

— Hi, hi ! tu en as jusque sur le museau…

— J'ai apporté un ÉNORME rouleau de papier-cadeau.

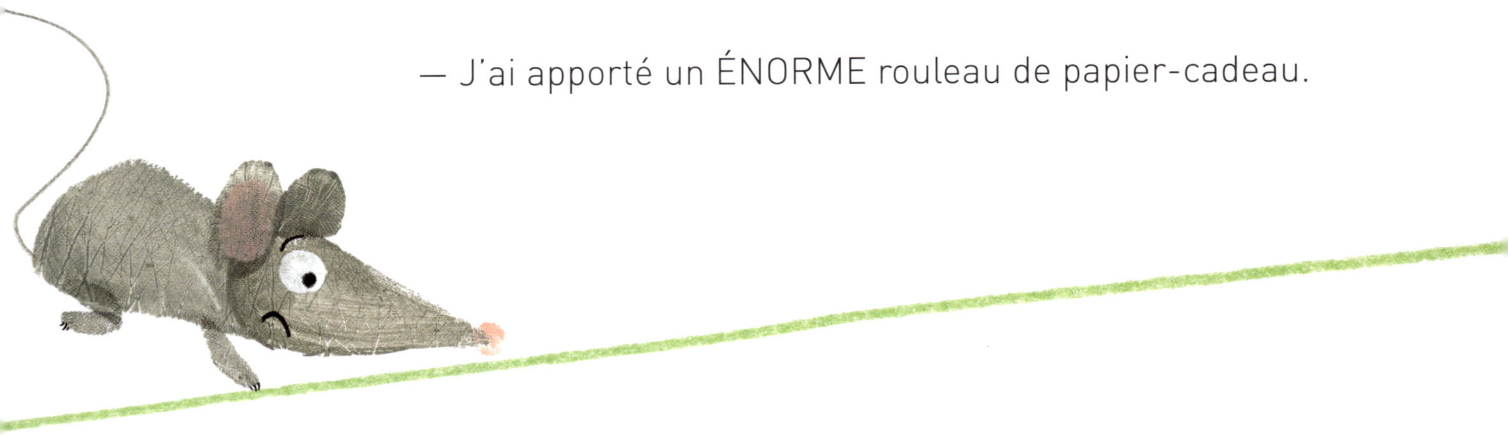

Complète le motif !

— Peins-moi et allons chercher nos amis.

1 Applique de la peinture grise sur le côté de ta main. Pose-la sur la feuille pour réaliser la tête de Lili.

2 Recommence pour le corps.

3 Pour les oreilles, utilise le bout de ton index et pose-le deux fois au-dessus de la tête. Les pattes se font avec le côté de ton petit doigt.

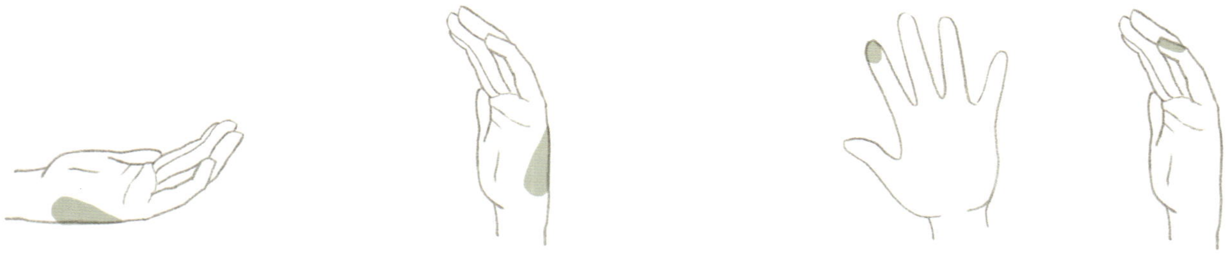

4 Avec le bout de ton petit doigt couvert de peinture rose,
forme le museau et l'intérieur de l'oreille.
Puis peins ton index en blanc pour l'œil.
Enfin, dessine la pupille, la queue et la bouche au crayon noir.

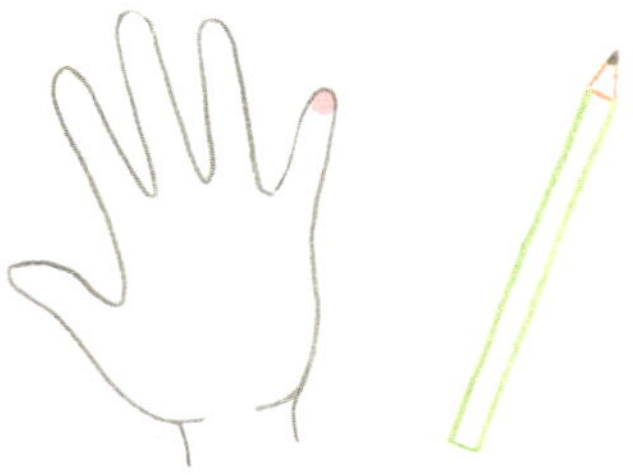

Utilise le pinceau pour appliquer
la peinture sur ta main.

1 Pour le corps, applique de la peinture rose sur le côté de ta main comme sur le modèle.

2 Avec le côté de ton petit doigt, forme le cou.

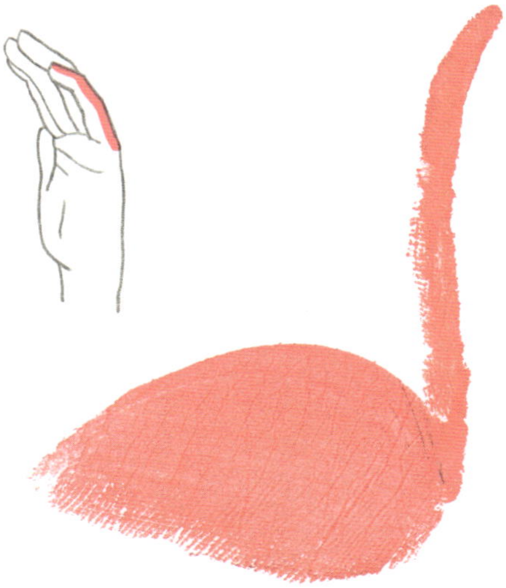

3 Pour la tête, utilise le bout de ton index et applique-le en haut du cou. Tu peux ajouter une aile avec un rose plus foncé et le côté de ta main.

4 Avec le côté de ton petit doigt, réalise la queue en rose et le bec en noir.

5 Enfin, avec tes crayons de couleur, dessine les pattes en rose et la pupille en noir.

— Rosa, te voilà !
Passons chercher les autres.

Pour t'aider, on a commencé Rosa le flamant rose. Veux-tu la terminer ?

— Bonjour Edmond !

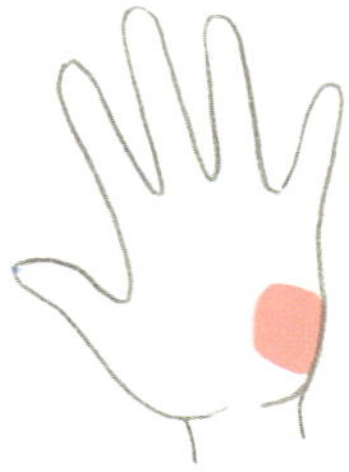

1 Pour le corps du cochon, applique de la peinture rose sur la paume de ta main.

2 Forme la tête avec le côté de ton pouce.

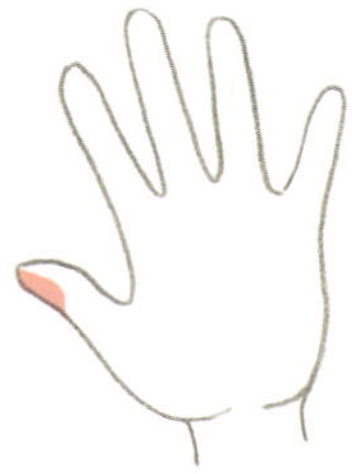

3 Avec du rose plus clair sur l'index, fais une tache bien ronde au bout du groin. Pour les pattes, utilise le côté de ton petit doigt.

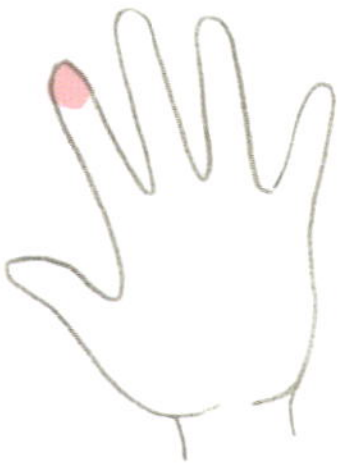

4 Ajoute délicatement les oreilles avec le côté de ton petit doigt. Réalise l'œil en blanc avec le bout de ton index.

Enfin, dessine au crayon rose la queue en tire-bouchon, puis les ongles, la bouche, les narines et la pupille en noir.

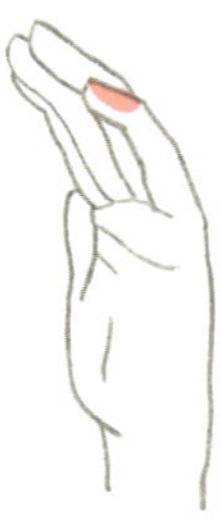

À ton tour de faire Edmond !

— Tu es prêt, Renan ?
Nous sommes un peu en retard...

1 Pour le corps, applique de la peinture orange sur la paume de ta main.

2 Réalise la tête avec le côté de ta main.

3 Recommence pour la queue.

4 Pour les pattes, utilise le côté de ton petit doigt.

5 Ajoute délicatement les oreilles avec ton petit doigt.
Pour la truffe, fais une tache bien ronde de peinture marron au bout du museau.

Pour l'œil, applique de la peinture blanche au bout de ton index.
Enfin, dessine la bouche, la pupille et les petites griffes au crayon.

Peins Renan le renard !

Tu peux même ajouter les rayons du soleil avec un crayon.

— Bonjour !
On cherche la maison de Chloé.

— C'est juste un peu plus haut,
vous êtes presque arrivés !

Ajoute 1, 2, 3... 10 taches sur les girafes.

Utilise une gomme comme tampon
pour créer des petites maiscns.

1 En suivant le modèle, applique de la peinture grise sur ta paume ainsi que sur ton pouce et la moitié de tes doigts. Pose ta main sur la feuille avant que la peinture sèche.

2 Avec ton pouce couvert d'un gris plus foncé, forme l'oreille.

3 Pour l'œil, utilise du blanc sur le bout de ton index. Dessine ensuite la bouche et la pupille au crayon.

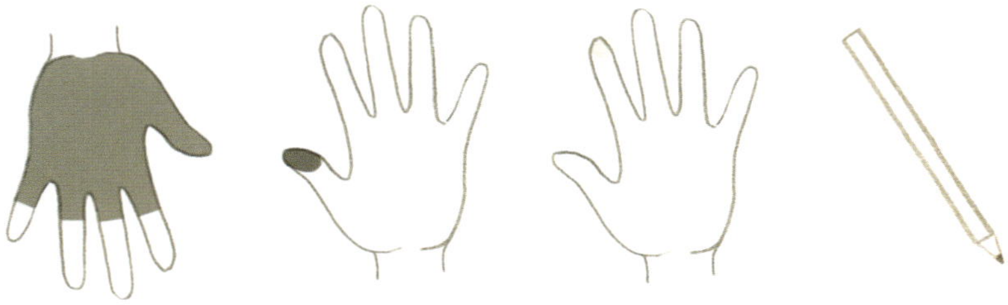

— Chloé, tu as de la visite !

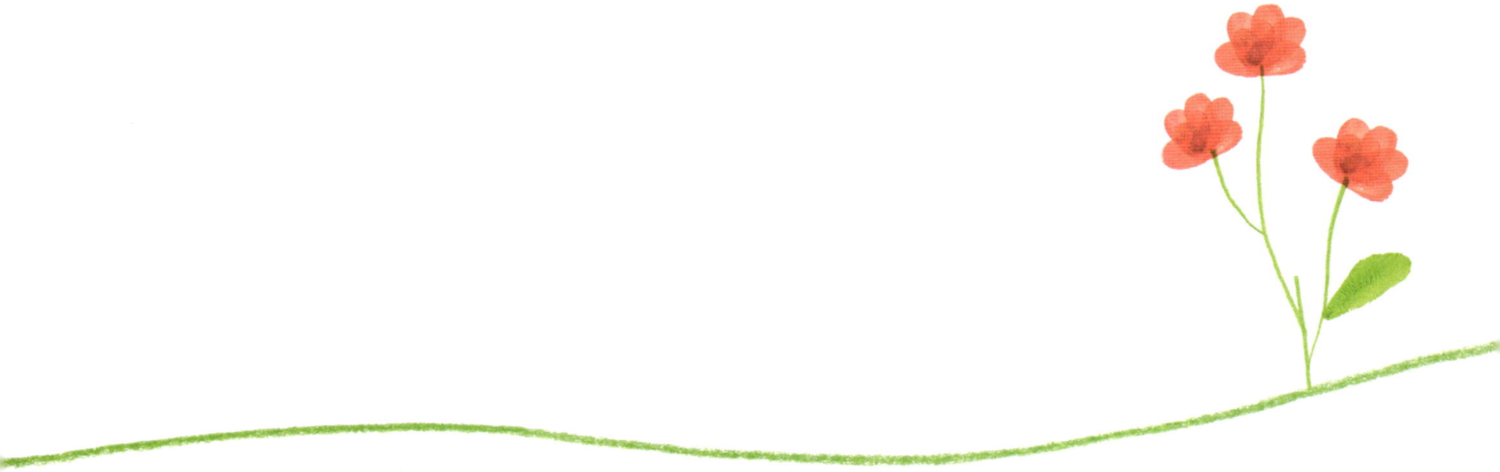

À ton tour de peindre Chloé.

— Que la fête commence !!!

Sur la guirlande, place des lampes de toutes les couleurs.

— Oh ! le beau gâteau !

— Bon anniversaire Chloé !

Décore le gâteau et n'oublie pas
d'allumer les bougies !

— Merci les amis !
C'est un merveilleux anniversaire.

Fais exploser les feux d'artifice !

Retrouve Lili la souris dans les albums de la collection Du bout des doigts.

Pour entrer dans l'atelier
de Lucie Albon, rendez-vous sur
www.elanvert.fr/peintureauxdoigts

© L'Élan vert, Saint-Pierre-des-Corps, 2015, www.elanvert.fr, dépôt légal avril 2015 - Bibliothèque nationale 978-2-84455-339-3
Imprimé en Chine par - Loi n° 49-956 du 16 juillet 1949 sur les publications destinées à la jeunesse.
Les éditions de L'Élan vert bénéficient du soutien de Ciclic-Région Centre dans le cadre de l'aide aux entreprises d'édition imprimée ou numérique.